Les de

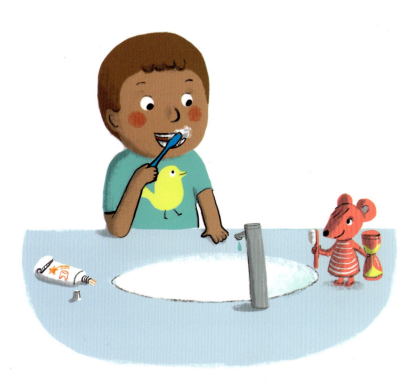

**Texte de Stéphanie Ledu
Illustrations de Claire Frossard**

Quand on naît, on n'a pas de dents. Pourtant, elles sont déjà là, cachées dans les gencives.

Les dents sortent vers 6 mois.
Ouille, le bébé a mal, il est grognon, ses joues sont rouges... On lui donne à mordiller un **anneau de dentition** qu'on a mis au frigo. Le froid endort la douleur !

Si le crocodile se casse une dent, une nouvelle pousse. Il peut en user 3 000 dans sa vie.

Les centaines de dents du requin tombent et sont remplacées tout le temps.

Les humains n'ont pas cette chance.
Ils ont d'abord **20 dents de lait**, puis **32 dents définitives**...
et c'est tout. Nos **quenottes** sont donc précieuses.
Il faut en prendre soin !

Pendant longtemps, pour nettoyer les dents, on a utilisé des **cure-dents** taillés dans des plumes, du bois, des piquants de porc-épic...

Puis, il y a 500 ans, en **Chine**, on invente la **brosse à dents** : un manche en os au bout duquel sont plantés des poils de sanglier !

Aujourd'hui, les brosses sont en **plastique**.
À chacun la sienne : une brosse à dents, ça ne se prête pas... et ça se change tous les 3 mois, à chaque début de saison par exemple.

Celle-ci est **électrique** : c'est pratique et rigolo, mais il faut aussi l'utiliser correctement.

Sur les brins, on met de la pâte **dentifrice**. Ce savon pour les dents contient un peu de **fluor**, un produit qui les protège et les rend plus fortes.

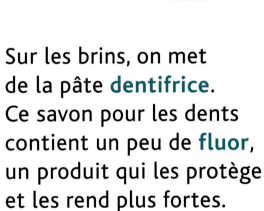

Quand on mange, les aliments forment une **plaque** qui colle aux dents. Après chaque repas, il faut l'éliminer. Voici les bons gestes !

Fais de **petits cercles** du rose vers le blanc, de la gencive vers la dent. Brosse le haut et le bas séparément. Nettoie **doucement** tous les côtés : l'extérieur, l'intérieur, le dessus et le dessous des dents.

Le brossage doit durer **3 minutes**, la durée du sablier ou d'une chanson.

Les dents sont propres ? On peut le vérifier de temps en temps avec un **révélateur**, qui colore la plaque dentaire en rouge. Oh la la, il en reste…

C'est la preuve :
il vaut mieux laisser
un grand terminer
chaque brossage !

Tout est blanc ? Bravo !
Cette fois, on peut se rincer
la bouche, passer sa brosse
sous l'eau et la ranger dans
le gobelet.

Certains éléments sont bons pour nos dents : le **fluor** contenu dans le poisson, le **calcium** des produits laitiers…

Mais gare au **sucre** : dans la bouche, il se transforme en acide qui attaque l'**émail**, la surface des dents. Un soda, un bonbon ? D'accord, mais pas trop souvent.

Nos dents sont la partie la plus dure de notre corps, mais elles peuvent aussi **se casser**.

Mordiller des objets, ouvrir un bouchon avec elles, c'est risqué !

Deux fois par an, même s'ils n'ont pas mal, petits et grands doivent aller chez le **dentiste**.

Confortablement installé dans le grand fauteuil, on ouvre la bouche.

Avec son **miroir**, le docteur vérifie si tout va bien.
Oh ! Ici, il y a un petit point noir...

C'est une maladie : la **carie**. Elle s'est développée dans un endroit moins facile à brosser.

De minuscules organismes de la **plaque dentaire**, les **bactéries**, ont attaqué la dent et l'ont trouée.

Il faut la soigner avant que la carie devienne plus profonde.
Sinon, ça peut faire très mal, et même faire mourir la dent.

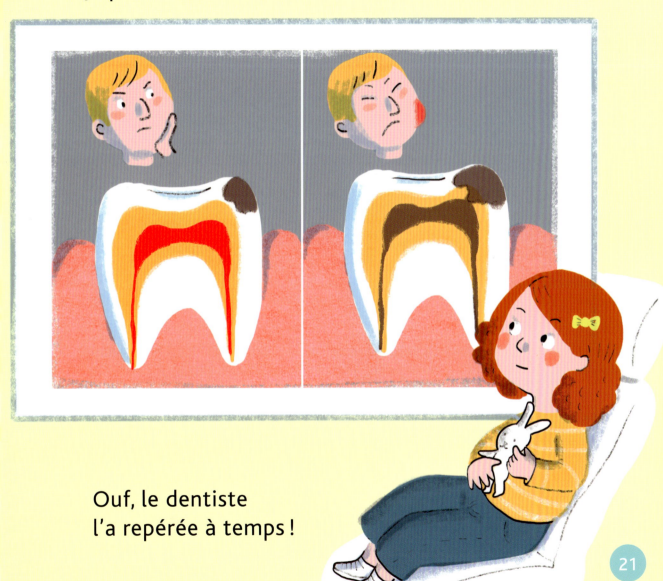

Ouf, le dentiste l'a repérée à temps !

Le dentiste **soigne** en douceur... et sans douleur !

Il fait une **radio** pour bien voir la carie.
Si elle est importante, il **endort la dent** avec un peu de gel sur la gencive, puis avec une mini-piqûre.

Il nettoie ensuite la dent avec la **roulette**. Son bruit n'est pas très agréable, mais ça ne dure pas longtemps et on ne sent rien du tout !

L'assistant passe les **instruments**, prépare le mélange pour **reboucher le trou** dans la dent...

Vers 6 ans, les dents définitives poussent au-dessous des dents de lait et finissent par les faire tomber.

Qui vient les chercher la nuit ?
Peut-être la **petite souris** !
Elle laisse une pièce de monnaie
ou un cadeau sous l'oreiller
des enfants...

Les nouvelles dents sont plus nombreuses et plus grosses. Souvent, elles manquent de place et poussent **de travers**. Surtout si on a sucé son pouce ou une tétine quand on était petit, car cela déforme la **mâchoire** !

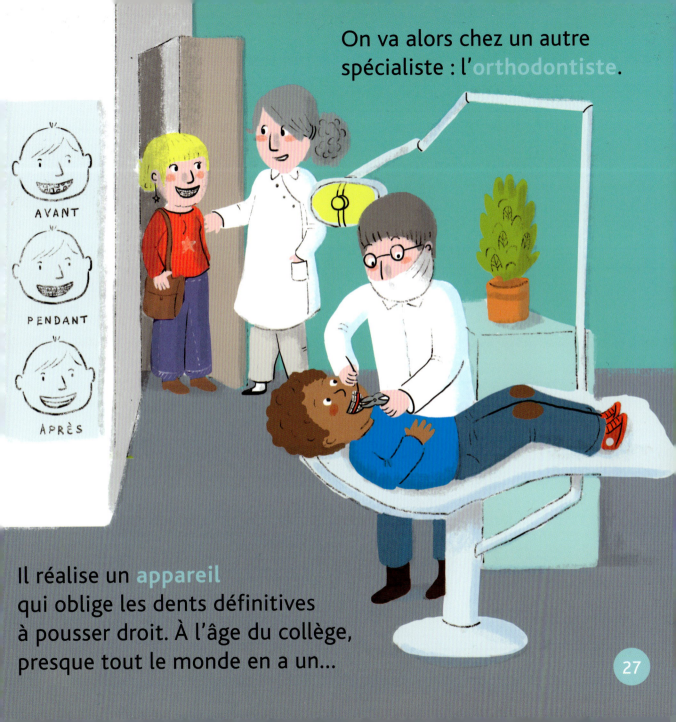

On va alors chez un autre spécialiste : l'**orthodontiste**.

Il réalise un **appareil** qui oblige les dents définitives à pousser droit. À l'âge du collège, presque tout le monde en a un…

Les dents permettent de mâcher correctement la nourriture, mais aussi de bien **articuler** les mots quand on parle. En les chouchoutant, on fait attention à sa santé en général et on est plus résistant aux maladies.

Et puis, avoir un joli sourire, c'est plus agréable.

Alors, sois très gentil avec tes dents !

Découvre tous les titres
de la collection

Mes P'tits DOCS

À table
Au bureau
Le bébé
Le bricolage
Les camions
Les dents
Les dinosaures

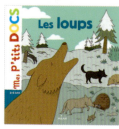

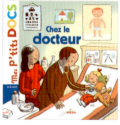

L'école maternelle
L'espace
La ferme
La fête foraine
Le football
Le handicap
L'hôpital